RÈGLEMENT

DÉTERMINANT L'ORGANISATION ET LES POUVOIRS DISCIPLINAIRES

DE LA

CHAMBRE SYNDICALE

DES

COURTIERS DE MARCHANDISES

Inscrits sur la liste
dressée par le Tribunal de Commerce de Marseille

Approuvé par arrêté de M. le Ministre du Commerce, de l'Industrie,
des Postes et des Télégraphes, en date du 18 Mai 1926

LOI DU 18 JUILLET 1866
modifiée par la Loi du 28 Mars 1893

DÉCRET DU 22 DÉCEMBRE 1866

MARSEILLE
SOCIÉTÉ ANONYME DU SÉMAPHORE DE MARSEILLE
(ANCIENNE MAISON BARLATIER)
17-19, Rue Venture

1926

RÈGLEMENT

DÉTERMINANT L'ORGANISATION ET LES POUVOIRS DISCIPLINAIRES

DE LA

CHAMBRE SYNDICALE

DES

COURTIERS DE MARCHANDISES

Inscrits sur la liste

dressée par le Tribunal de Commerce de Marseille

---

*Approuvé par arrêté de M. le Ministre du Commerce, de l'Industrie,
des Postes et des Télégraphes, en date du 18 Mai 1926*

LOI DU 18 JUILLET 1866
modifiée par la Loi du 28 Mars 1893

DÉCRET DU 22 DÉCEMBRE 1866

MARSEILLE

SOCIÉTÉ ANONYME DU SÉMAPHORE DE MARSEILLE

(ANCIENNE MAISON BARLATIER)

17-19, Rue Venture

1926

RÉPUBLIQUE FRANÇAISE

Ministère du Commerce et de l'Industrie

ARRÊTÉ

Le Ministre du Commerce et de l'Industrie, des Postes et des Télégraphes,

Vu la loi du 18 juillet 1866 sur les Courtiers de marchandises, modifiée par la loi du 28 mars 1893 ;

Vu la délibération du Tribunal de Commerce de Marseille en date du 19 janvier 1926 ;

Vu la délibération de la Chambre de Commerce de Marseille en date du 1er décembre 1925 ;

Sur le rapport du Directeur des Affaires Commerciales et Industrielles,

Arrête :

Article unique. — Est approuvé le règlement annexé au présent arrêté et déterminant l'organisation et les pouvoirs disciplinaires de la Chambre Syndicale des Courtiers de marchandises inscrits sur la liste dressée par le Tribunal de Commerce de Marseille, par application des dispositions de l'article 2 de la loi du 18 juillet 1866.

Paris, le 18 mai 1926.

Signé : DANIEL VINCENT.

RÈGLEMENT

déterminant l'Organisation et les Pouvoirs disciplinaires

DE LA

CHAMBRE SYNDICALE

DES

COURTIERS DE MARCHANDISES

Inscrits sur la liste,
dressée par le Tribunal de Commerce de Marseille

CHAPITRE PREMIER

Organisation

ARTICLE PREMIER

Lorsque les Courtiers inscrits sur la liste dressée par le Tribunal sont au nombre de six au moins, ils forment une Compagnie ; ils se réunissent alors tous les ans en Assemblée générale dans le courant du mois de décembre, dans la ville siège du Tribunal et dans un local désigné d'avance ; ils élisent parmi eux les membres qui devront composer, pour l'année suivante, la Chambre Syndicale.

ARTICLE 2

Le scrutin est présidé par le Courtier le plus ancien inscrit, ayant pour assesseurs le membre le plus âgé et le membre le plus jeune.

ARTICLE 3

La Chambre Syndicale sera composée de trois membres au moins et de douze au plus, parmi lesquels sont nommés un président, un syndic-rapporteur, un secrétaire, un trésorier et des adjoints.

Le nombre total des membres de la Chambre Syndicale ne peut excéder la moitié de celui des Courtiers inscrits ; en cas d'insuffisance de membres, le secrétaire remplit aussi les fonctions de trésorier.

ARTICLE 4

L'Assemblée générale est valablement constituée par la présence de la moitié plus un des Courtiers inscrits au tableau ; lorsque le nombre des assistants ne permettra pas à l'Assemblée générale de délibérer, il sera envoyé une seconde convocation et la nouvelle Assemblée, tenue au plus tôt huit jours après la première, sera valablement constituée par la présence du tiers plus un des Courtiers inscrits.

Les délibérations sont prises à la majorité absolue des voix des membres présents ; en cas de partage, constaté par un double scrutin, la voix du président est prépondérante.

ARTICLE 5

Les convocations pour toute Assemblée générale sont envoyées dix jours au moins avant celui fixé pour la réunion.

La première Assemblée générale est convoquée par les deux Courtiers les plus anciens inscrits, les Assemblées suivantes sont convoquées par la Chambre Syndicale sous la signature de son président et de son secrétaire. En outre, l'Assemblée générale se réunit extraordinairement sur la demande écrite et signée du tiers des membres de la Compagnie.

L'ordre du jour de toute Assemblée est fixé d'avance ; aucune question ne peut être traitée si elle n'a pas un caractère corporatif et si la Chambre Syndicale n'en a pas été informée par écrit au moins cinq jours avant l'Assemblée.

ARTICLE 6

L'élection des membres de la Chambre Syndicale est faite au scrutin secret et à la majorité des membres présents à l'Assemblée générale. Le président, le syndic-rapporteur, le secrétaire, le trésorier sont élus au scrutin individuel ; les adjoints au scrutin de liste.

Ces derniers prennent rang dans la Chambre suivant l'ordre des suffrages obtenus ; en cas d'égalité, la priorité appartient au plus ancien inscrit.

ARTICLE 7

Les procès-verbaux des Assemblées générales sont transcrits sur un registre spécial, coté et paraphé par le président du Tribunal de Commerce. Le procès-verbal des opérations électorales y est aussi transcrit.

Ces divers procès-verbaux sont signés, en ce qui concerne les Assemblées générales, par le président et le secrétaire ; en ce qui concerne les opérations électorales, par le président et les assesseurs.

ARTICLE 8

Quand une Chambre Syndicale est constituée depuis quatre années, nul ne peut être élu président s'il ne compte au moins quatre ans d'inscription, et nul ne peut être élu membre de la Chambre Syndicale s'il ne compte au moins deux ans d'inscription.

ARTICLE 9

Tout Courtier frappé d'une peine disciplinaire ne pourra faire partie de la Chambre Syndicale, pendant l'année qui suivra la décision si cette peine est celle de l'avertissement, et pendant deux années s'il s'agit de la radiation temporaire.

Celui qui aura été radié temporairement ne pourra plus être nommé président de la Chambre.

CHAPITRE II

Chambre Syndicale

ARTICLE 10

La Chambre Syndicale ne peut valablement délibérer qu'autant que la moitié plus un des membres qui la composent sont présents ; si elle est composée de trois membres, la présence de deux suffit.

Les délibérations sont prises à la majorité des voix ; en cas de partage, celle du président est prépondérante.

Les procès-verbaux des délibérations sont transcrits sur un registre spécial, coté et paraphé par le président du Tribunal de Commerce, et sont désignés par le président et le secrétaire.

ARTICLE 11

La Chambre Syndicale veille à la défense des droits et prérogative des Courtiers inscrits. Elle s'assure qu'ils remplissent avec honneur et probité les devoirs de leur profession et qu'ils se soumettent aux lois et règlements qui les régissent.

Elle exige qu'ils constatent régulièrement et loyalement et certifient au besoin les cours des marchandises qui leur sont réclamés.

Elle exige de même qu'ils tiennent un registre, coté et paraphé par le président du Tribunal de Commerce, et sur lequel sont inscrites toutes les opérations faites par eux à titre d'officiers publics.

La Chambre Syndicale prend enfin toutes dispositions utiles pour le bon fonctionnement des services ; elle nomme et révoque tous agents et employés, fixe leurs appointements, les met à la retraite s'il y a lieu.

ARTICLE 12

La Chambre Syndicale soumet à l'Assemblée générale ou à une Assemblée extraordinaire régulièrement convoquée les comptes financiers de l'année écoulée et le projet du budget, recettes et dépenses, pour l'année suivante.

Les recettes comportent notamment un droit d'entrée exigé de chaque nouveau membre et une cotisation annuelle réclamée à tous ; elles comportent aussi les taxes diverses que la Chambre Syndicale peut prélever et le montant des certificats qui lui sont demandés.

L'excédent des recettes sur les dépenses donne naissance à un compte de fonds libres administré par la Chambre Syndicale et dont il est donné communication à l'Assemblée générale.

ARTICLE 13

Deux commissaires des comptes, pris en dehors de la Chambre Syndicale, sont nommés chaque année en Assemblée générale et ont mission de vérifier, au cours de l'année suivante, les écritures et comptes de trésorerie ; ils dressent un rapport et le soumettent à l'approbation de l'Assemblée générale.

L'exercice financier commence le 1er décembre pour finir le 30 novembre suivant.

ARTICLE 14

Le président veille spécialement aux intérêts de la Compagnie ; il préside la Chambre Syndicale et les Assemblées générales ; il en a la police et poursuit l'exécution des délibérations.

Dans le cas de décès ou de démission, il est procédé immédiatement à son remplacement en Assemblée générale extraordinaire.

ARTICLE 15

Le syndic-rapporteur est saisi des réclamations de toute nature qui sont portées devant la Chambre. Il préside les enquêtes et requiert l'application du règlement.

Il remplace le président empêché.

ARTICLE 16

Le secrétaire rédige les délibérations de la Chambre et celles des Assemblées générales. Il veille à ce qu'elles soient transcrites sur les registres des procès-verbaux et régulièrement signées.

Il est chargé de la correspondance et la soumet au président.

Il tient les archives.

ARTICLE 17

Le trésorier est responsable de la gestion des finances de la Compagnie, suivant les délibérations des Assemblées générales et les décisions prises en Chambre Syndicale. Il assure les recettes et les dépenses.

Il soumet ses comptes et écritures aux commissaires chargés de leur vérification.

ARTICLE 18

Les adjoints sont spécialement chargés d'étudier les questions et de préparer les rapports qui doivent être soumis à la Chambre Syndicale.

CHAPITRE III
Pouvoirs Disciplinaires

ARTICLE 19

La Chambre Syndicale invite le Courtier qui vient de prêter serment à se présenter devant elle.

Le président indique au nouveau membre qu'il doit remplir ses fonctions avec honneur et probité, se soumettant au règlement et participant aux charges imposées par l'Assemblée générale.

ARTICLE 20

La Chambre Syndicale peut prononcer, sauf appel devant le Tribunal de Commerce, les peines disciplinaires suivantes :

L'avertissement.

La radiation temporaire.

La radiation définitive.

Ces peines sont infligées pour manquement aux règles de l'honneur et de la probité, aux devoirs de la profession et au règlement.

ARTICLE 21

Le Courtier inscrit, poursuivi disciplinairement, est entendu par la Chambre, après avoir été appelé devant elle par lettre du syndic-rapporteur.

Il lui est donné connaissance de la décision le concernant par la voix du président, en présence de la Chambre Syndicale.

S'il le requiert, il lui est délivré expédition de la décision.

Toute décision de la Chambre doit être motivée.

ARTICLE 22

L'appel des décisions disciplinaires prononcées par la Chambre Syndicale sera porté dans les vingt jours devant le Tribunal de Commerce ; il le sera par voie de requête adressée au président et aux membres de ce Tribunal ; la dite requête contenant les motifs à l'appui de l'appel.

Cet appel sera communiqué, par le greffier du Tribunal, au secrétaire de la Chambre Syndicale et par lui visé et mentionné sur le registre des délibérations.

ARTICLE 23

Sur la proposition de la Chambre Syndicale, l'Assemblée générale peut confier l'honorariat à un président sortant d'exercice. Le titre de président honoraire est inscrit sur le tableau de la Compagnie dressé chaque année et contenant le nom de tous les membres.

ARTICLE 24

La Chambre Syndicale fera imprimer le présent règlement ;
un exemplaire en sera remis à tout Courtier inscrit, au moment
de sa prestation de serment.

Vu pour être annexé au présent arrêté en date de ce jour.

Le 18 mai 1926.

Le Ministre du Commerce, de l'Industrie,
des Postes et des Télégraphes,

Signé : DANIEL VINCENT.

LOI DU 18 JUILLET 1866

modifiée par la Loi du 28 Mars 1893

TITRE PREMIER

De l'exercice de la profession de Courtier de marchandises

ARTICLE PREMIER

A partir du 1er janvier 1867, toute personne sera libre d'exercer la profession de Courtier de marchandises, et les dispositions contraires du Code de Commerce, des lois, décrets, ordonnances et arrêtés actuellement en vigueur seront abrogés.

ARTICLE 2

Il pourra être dressé par le Tribunal de Commerce une liste de Courtiers de marchandises de la localité qui auront demandé à y être inscrits.

Nul ne pourra être inscrit sur ladite liste s'il ne justifie : 1° de sa moralité par un certificat délivré par le maire ; 2° de sa capacité professionnelle par l'attestation de cinq commerçants de la place faisant partie des notables chargés d'élire le Tribunal de Commerce ; 3° de l'acquittement d'un droit d'inscription une fois payé au Trésor. Ce droit d'inscription qui ne pourra excéder 3.000 francs, sera fixé pour chaque place, en raison de son importance commerciale, par un décret rendu en la forme des règlements d'administration publique.

Aucun individu en état de faillite, ayant fait abandon de biens ou atermoiements sans s'être depuis réhabilité, ou ne jouissant pas des droits de citoyen français, ne pourra être inscrit sur la liste dont il vient d'être parlé.

Tout Courtier inscrit sera tenu de prêter devant le Tribunal de Commerce, dans la huitaine de son inscription, le serment de remplir avec honneur et probité les devoirs de sa profession.

Il sera également tenu de se soumettre, en tout ce qui se rapporte à la discipline de sa profession, à la juridiction d'une Chambre Syndicale, qui sera établie comme il est dit à l'article suivant.

ARTICLE 3

Tous les ans, à l'époque fixée par le règlement de chaque Compagnie, les Courtiers inscrits éliront parmi eux les membres qui devront composer, pour l'année suivante, la Chambre Syndicale.

L'organisation et les pouvoirs disciplinaires de cette Chambre seront déterminés dans un règlement dressé pour chaque place par le Tribunal de Commerce, après avis de la Chambre de Commerce ou de la Chambre consultative des Arts et Manufactures.

Ce règlement sera soumis à l'approbation du Ministre de l'Agriculture, du Commerce et des Travaux Publics.

La Chambre Syndicale pourra prononcer, sauf appel devant le Tribunal de Commerce, les peines disciplinaires suivantes :

L'avertissement.

La radiation temporaire.

La radiation définitive, sans préjudice des actions civiles à intenter par les tiers intéressés, ou même de l'action publique, s'il y a lieu.

Si le nombre des Courtiers inscrits n'est pas suffisant pour la constitution d'une Chambre Syndicale, le Tribunal de Commerce en remplira les fonctions.

ARTICLE 4

Les ventes publiques de marchandises aux enchères et en gros qui, dans les divers cas prévus par la loi, doivent être faites par un Courtier, ne pourront être confiées qu'à un Courtier inscrit sur la liste dressée conformément à l'article 2, ou, à défaut de liste, désigné, sur la requête des parties intéressées, par le président du Tribunal de Commerce.

ARTICLE 5

A défaut d'experts désignés d'accord entre les parties, les Courtiers inscrits pourront être requis pour l'estimation des marchandises déposées dans un magasin général.

Si le Courtier requis, dans le cas prévu par le paragraphe qui précède, réclame plus d'une vacation, il sera statué par le président du Tribunal de Commerce, sans frais et sans recours.

ARTICLE 6

Le Courtier chargé de procéder à une vente publique, ou qui aura été requis pour l'estimation de marchandises déposées dans une magasin général, ne pourra se rendre acquéreur, pour son compte, des marchandises dont la vente ou l'estimation lui aura été confiée.

Le Courtier qui aura contrevenu à la disposition qui précède sera rayé par le Tribunal de Commerce, statuant disciplinairement et sans appel, sur la plainte d'une partie intéressée ou d'office, de la liste des Courtiers inscrits, et ne pourra plus y être inscrit de nouveau, sans préjudice de l'action des parties en dommages-intérêts.

ARTICLE 7

Tout Courtier qui sera chargé d'une opération de courtage pour une affaire où il avait un intérêt personnel, sans en prévenir les parties auxquelles il aura servi d'intermédiaire, sera poursuivi devant le Tribunal de police correctionnelle et puni d'une amende de 500 francs à 3.000 francs, sans préjudice de l'action des parties en dommages-intérêts. S'il était inscrit sur la liste des Courtiers, dressée conformément à l'article 2, il en sera rayé et ne pourra plus y être inscrit de nouveau.

ARTICLE 8

Les droits de courtage pour les ventes publiques et la quotité de chaque vacation due au Courtier, pour l'estimation des marchandises déposées dans un magasin général, continueront à être fixés, pour chaque localité, par le Ministre de l'Agriculture, du Commerce et des Travaux Publics, après avis de la Chambre et du Tribunal de Commerce.

ARTICLE 9

Dans chaque ville où il existe une Bourse de Commerce, le cours des marchandises sera constaté par les Courtiers inscrits, réunis, s'il y a lieu, à un certain nombre de Courtiers non inscrits et de négociants de la place, dans la forme qui sera prescrite par un règlement d'administration publique.

DÉCRET DU 22 DÉCEMBRE 1866

portant règlement d'Administration publique

POUR

l'exécution de l'article 9 de la loi du 18 Juillet 1866

ARTICLE PREMIER. — Dans les villes où il existe une liste de Courtiers de marchandises dressée par le Tribunal de Commerce, le cours des marchandises est constaté par les Courtiers inscrits sur ladite liste.

ART. 2. — Toutefois, dans le cas où les Courtiers inscrits ne représenteraient pas suffisamment tous les genres de commerce ou d'opérations qui se pratiquent sur la place, la Chambre de Commerce, après avis de la Chambre Syndicale des Courtiers inscrits, peut décider qu'un certain nombre de Courtiers non inscrits et de négociants de la place se réuniront aux Courtiers inscrits pour concourir avec eux à la constatation du cours des marchandises.

Elle fixe en ce cas le nombre des Courtiers non inscrits et de négociants de la place qui feront partie de la réunion chargée de constater le cours et les désigne.

ART. 3. — Il est procédé chaque année à l'exécution du précédent article.

Les Courtiers non inscrits et les négociants de la place, désignés conformément aux conditions qui précèdent, ne peuvent faire partie que pendant une année de la réunion chargée de constater le cours des marchandises.

Ils peuvent être désignés de nouveau après un intervalle d'une année.

ART. 4. — Si, dans le cours de l'année, un des Courtiers non inscrits et des négociants de la place désignés pour procéder avec les Courtiers inscrits à la constatation du cours, vient à décéder, à donner sa démission ou n'assiste pas à trois réunions successives sans s'être fait excuser, il en est donné immédiatement avis à la Chambre de Commerce, qui procède à une nouvelle désignation.

Art. 5. — Dans les villes où il n'existe pas de Courtiers inscrits, le cours des marchandises est constaté par des Courtiers et des négociants de la place désignés chaque année par la Chambre de Commerce.

Le deuxième paragraphe de l'article 3 et l'article 4 sont applicables au cas prévu par le paragraphe qui précède.

Art. 6. — La Chambre de Commerce détermine les marchandises dont le cours doit être constaté, ainsi que les jours et les heures où la constatation doit avoir lieu.

Art. 7. — La constation du cours est faite, pour chaque spécialité de marchandises, par les membres de la réunion qui la représentent, réunis en sections ; le tableau des membres qui composent chaque section est arrêté tous les ans par la Chambre de Commerce, sur la proposition de la Chambre Syndicale des Courtiers inscrits.

La Chambre de Commerce peut, si elle le juge convenable, décider que la constatation du cours sera faite par la réunion générale, sans division par spécialité.

Art. 8. — La présidence de la réunion générale des membres chargés de constater le cours des marchandises appartient au président de la Chambre Syndicale des Courtiers inscrits. S'il n'y a pas de Chambre Syndicale, le président de la réunion générale est désigné chaque année par la Chambre de Commerce.

Le président de la réunion générale désigne celui qui le remplace en cas d'absence.

Art. 9. — Lorsque la réunion se divise par sections, conformément aux dispositions du paragraphe 1 de l'article 7, le président de la réunion générale préside la section dont il fait partie et désigne les présidents des autres sections.

Art. 10. — Les décisions sont prises, dans les réunions générales ainsi que dans les réunions des sections, à la majorité des membres présents. En cas de partage, la voix du président est prépondérante.

Art. 11. — Les mesures d'exécution que pourrait exiger l'application des règles ci-dessus prescrites seront prises par arrêté du Préfet, sur la proposition de la Chambre de Commerce après avis du Tribunal de Commerce et de la Chambre Syndicale des Courtiers inscrits.